COSTUME CIVIL

COSTUME ECCLÉSIASTIQUE

COSTUME MONASTIQUE

PAR

T. CRÉPON
CONSEILLER HONORAIRE A LA COUR DE CASSATION

EXTRAIT DU *CORRESPONDANT*

PARIS
DE SOYE ET FILS, IMPRIMEURS
18, RUE DES FOSSÉS-SAINT-JACQUES, 18

1900

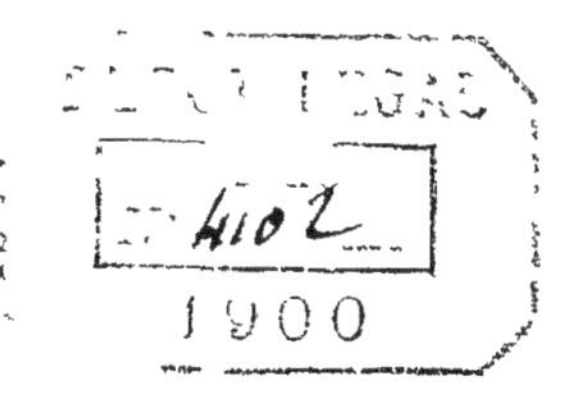

COSTUME CIVIL

COSTUME ECCLÉSIASTIQUE

COSTUME MONASTIQUE

DU MÊME AUTEUR :

PENSÉES D'UN CHRÉTIEN SUR LA VIE MORALE

(1900)

Ch Poussielgue, Éditeur, 15, rue Cassette.

Prix : **3** francs.

COSTUME CIVIL

COSTUME ECCLÉSIASTIQUE

COSTUME MONASTIQUE

PAR

T. CRÉPON

CONSEILLER HONORAIRE A LA COUR DE CASSATION

EXTRAIT DU *CORRESPONDANT*

PARIS

DE SOYE ET FILS, IMPRIMEURS

18, RUE DES FOSSÉS-SAINT-JACQUES, 18

1900

COSTUME CIVIL — COSTUME ECCLÉSIASTIQUE

COSTUME MONASTIQUE

Pendant quelques semaines, on a pu voir placardé sur les murs de la commune du Kremlin-Bicêtre un arrêté de M. le maire ainsi conçu :

Vu les dispositions de la loi du 5 avril 1884, articles 91, 92, 94, 97;

Vu les dispositions d'un arrêt de la Cour de cassation du 26 février 1847;

Vu les dispositions d'un arrêt de la Cour de cassation du 11 novembre 1881;

Vu les dispositions de l'article 43 de la loi du 18 germinal an X;

Vu les dispositions d'un arrêt du Conseil d'Etat du 3 août 1882, fondé sur un arrêté des Consuls du 17 nivôse an XII;

Considérant qu'il n'est pas juste de laisser le clergé bénéficier d'un régime de faveur lui permettant de se soustraire aux obligations que supportent tous les autres citoyens;

Considérant que le clergé est un groupe de fonctionnaires; qu'il importe, particulièrement en raison de leur nombre, de leur indiscipline naturelle et de la nature même de leurs fonctions complètement inutiles au bien de l'Etat, de les rappeler en toutes choses au respect de toutes les lois;

Considérant que, puisqu'ils profitent matériellement des dispositions de la loi du 18 germinal an X, il est spécialement utile qu'ils se soumettent à tous les articles de cette loi essentielle;

Considérant, en outre, que si le costume spécial dont s'affublent les religieux peut favoriser leur autorité sur une certaine partie de la société, il les rend ridicules aux yeux de tous les hommes raisonnables et que l'Etat ne doit pas tolérer qu'une catégorie de fonctionnaires serve à amuser les passants;

Arrête :

Article premier. — Est interdit, sur le territoire de la commune du Kremlin-Bicêtre, le port du costume ecclésiastique à toute personne n'exerçant pas des fonctions reconnues par l'Etat et dans les limites du territoire assigné à ces fonctions.

Art. 2. — MM. les commissaires de police, l'agent-voyer communal, les agents communaux et MM. les gendarmes sont chargés de veiller à l'exécution du présent arrêté.

Le maire, conseiller général,
E. Thomas.

Les communes d'Ivry, Arcueil-Cachan, Issy-les-Moulineaux, jalouses de la gloire que s'était acquise leur voisine, ont cherché à glaner après elle quelques lauriers; elles sont entrées dans la voie ouverte et l'ont suivie, non par des arrêtés de même nature, mais par des délibérations de leurs conseils municipaux.

Devant ces manifestations diverses, la première pensée est qu'il ne convient pas de les discuter et que la meilleure justice est de les faire connaître. Toutefois, quand on sait que, dans certaines assemblées dont il n'est plus possible de contester l'action dirigeante, la question du costume ecclésiastique et des moyens de le faire disparaître a été mise à l'ordre du jour, on se demande si l'on n'est pas devant des feux d'avant-garde, de tirailleurs chargés d'engager un combat que reprendra, quand il en sera temps, le gros de l'armée.

Si bien qu'il a semblé utile de préciser la situation légale, au point de vue du costume, pour tous les citoyens, et spécialement pour les prêtres et les religieux.

D'autant plus utile qu'un arrêté d'annulation récemment pris par M. le Préfet de police semble laisser la porte toute grande ouverte aux entreprises des maires tentés d'imiter leur collègue du Kremlin.

Cet arrêté d'annulation apparente est ainsi conçu :

Nous Préfet de police,

Vu l'arrêté des Consuls du 17 nivôse an XII;

Vu l'arrêté des Consuls du 12 messidor an VIII;

Vu l'arrêté des Consuls du 3 brumaire an IX;

Vu la loi du 10 juin 1853;

Vu la loi du 5 avril 1884;

Considérant que, par son arrêté en date du 10 septembre 1900, le maire de la commune du Kremlin-Bicêtre ne s'est pas borné à rappeler l'arrêté des Consuls du 17 nivôse an XII; que cet acte administratif contient des appréciations complètement en dehors du droit conféré aux maires par l'article 92 de la loi municipale, qu'ainsi, ledit arrêté n'a pas eu uniquement pour but d'assurer l'application des lois en vigueur, et que, par suite, il est entaché d'excès de pouvoir;

Arrêtons :

Article premier. — L'arrêté susvisé du maire de la commune du Kremlin-Bicêtre, en date du 10 septembre 1900, est annulé.

Art. 2. — Ampliation du présent arrêté sera soumis au maire de la commune du Kremlin-Bicêtre.

Fait à Paris, le 3 novembre 1900.

Le Préfet de police, signé : Lépine.

M. le Préfet de police penserait-il que si le maire du Kremlin-Bicêtre s'était borné à rappeler l'arrêté des Consuls du 17 nivôse an XII, sans y joindre « des appréciations complètement en dehors du droit conféré aux maires », son arrêté serait légal et aurait pu valablement interdire le port de la soutane dans sa commune?

Il me déplairait de donner à la mesure de M. le Préfet de police une pareille interprétation; en tout cas, il convient d'examiner ce que vaudrait cette thèse.

I

Il y a deux sortes de costumes : l'un, qui est celui de tout le monde, qu'on appelle communément le costume civil ou costume de ville; l'autre, qui n'est celui que d'un certain nombre de personnes, qui ne peut être porté que par elles, parce qu'il est représentatif d'une fonction publique, ou donne, tout au moins, à celui qui en est revêtu, un caractère particulier.

Occupons-nous d'abord du premier, du costume de tout le monde.

Quels sont les droits des citoyens relativement aux vêtements qu'ils peuvent porter en public, ce qui revient à se demander aussi quels sont les droits de l'autorité administrative, municipale pour les autoriser ou les défendre.

C'est la loi elle-même qui va répondre :

Le décret loi du 8 brumaire an II, qui n'a d'ailleurs été annulé par aucune disposition postérieure, s'exprime ainsi :

« Art. 1er. — Nulle personne de l'un et de l'autre sexe ne pourra contraindre aucun citoyen ni citoyenne à se vêtir d'une manière particulière sous peine d'être considérée et traitée comme suspecte et poursuivie comme perturbateur du repos public. Chacun est libre de porter tel vêtement et ajustement de son sexe que bon lui semble. »

Voilà qui est clair; c'est le principe de liberté pleine et entière nettement proclamé, principe, non seulement de justice, mais de bon sens, qui ne peut admettre d'autres limites que celles imposées, soit par la morale publique, soit par les intérêts particuliers que certaines exhibitions pourraient atteindre et léser. S'il en était autrement, on deviendrait justiciable de M. le maire pour la coupe ou la couleur de ses vêtements, tandis qu'on ne l'est que de son propre goût, de celui du public au milieu duquel on vit et l'on circule.

Liberté pleine et entière, parce que si le décret de l'an II parle de vêtement et ajustement *de son sexe*, ces termes doivent être entendus dans le sens le plus large, non dans celui qui voudrait légalement proscrire le port d'un vêtement, par un homme, sur le seul motif que ce vêtement serait qualifié robe. La robe du prêtre ou la soutane est un vêtement viril; de même, la robe du moine. Ce sont, dans notre pays de France, les siècles qui le disent, et l'on ne saurait raisonnablement prétendre que la loi ait voulu contredire à ce langage, à ces immémoriales traditions.

Liberté pleine et entière, encore, parce que si l'on voulait comprendre judaïquement ces mots « de son sexe », on ferait remarquer que la loi ne leur a donné aucune sanction, de telle sorte que la seule partie du décret de brumaire an II qui demeure, c'est la proclamation du principe d'après lequel chacun est libre de porter te vêtement et ajustement que bon lui semble.

Donc, je m'habille comme il me plaît, et personne n'a rien à y voir et à y redire. Français, je peux, si fantaisie m'en prend, me couvrir du burnous musulman ou de la robe chinoise; on pourra rire, siffler, conspuer même; à moi, et à moi seul, de voir si je veux tenir tête aux sifflets et aux rires.

S'il me convient, par exemple, de mettre sur mes épaules une robe de moine, d'un moine appartenant à une congrégation non autorisée et dont le costume, par suite, n'aura pas été réglementé par l'approbation de l'autorité publique, nul ne pourra m'en empêcher.

Un sieur Gauthier avait été poursuivi correctionnellement devant le tribunal de Blois et condamné pour avoir porté publiquement le costume des Bénédictins, congrégation à laquelle il n'appartenait pas.

« Considérant, en droit, disait le jugement, que l'article 259 du Code pénal défend à toute personne de porter publiquement un costume qui ne lui appartient pas; que les termes de cet article sont généraux, sans restriction ni limitation aucune; qu'il en résulte que son application n'est subordonnée qu'à des appréciations de fait pour lesquelles la loi s'en réfère exclusivement à la prudence des tribunaux et aux circonstances particulières de chaque espèce;

Considérant, en fait, qu'il est prouvé que Gauthier a porté habituellement et publiquement l'habit de moine bénédictin et qu'à la faveur de ce costume, il paraît avoir reçu, dans certaines maisons, l'hospitalité, dans d'autres, des secours; que cependant, il est constant que ledit Gauthier n'a jamais appartenu à l'ordre des Bénédictins; qu'ainsi, il a contrevenu aux dispositions de l'article 259 précité...

Mais, sur appel, la cour d'Orléans réformait cette décision par un arrêt dans lequel on lit le considérant suivant :

Considérant que les Bénédictins n'étant pas légalement établis en France et l'article 259 du Code pénal ne s'appliquant qu'au cas d'usurpation du costume ou de l'uniforme d'une autorité légale, les premiers juges ont fait une fausse application de cet article en prononçant la peine de l'emprisonnement contre Gauthier[1].

Décision de même nature dans un arrêt de la cour de Metz, qui juge que le port public d'un costume d'ermite, par qui n'est pas ermite, ne saurait tomber sous l'application de l'article 259[2].

Ce qui veut bien dire que les costumes de Bénédictin, d'ermite, n'appartenant à personne de ceux que la loi pénale protège, appartiennent à tout le monde, que chacun, pour reprendre les termes de la loi, est libre de les porter, si bon lui semble.

S'il en est ainsi, de quel droit, sur quelle disposition de loi un

[1] Orléans, 24 février 1841, Dalloz, Répert., v° *Culte*, n° 139.

[2] Metz, 28 juillet 1823. P. Chr.

maire pourrait-il se fonder pour interdire, dans sa commune, le port d'un costume déterminé?

C'est qu'il a, dira-t-on, charge d'assurer la liberté de circulation, l'ordre sur la voie publique. Parfaitement; mais un costume, par lui-même, n'entrave pas la liberté de la voie publique, et quand le citoyen qui en est revêtu a droit de le porter en vertu même du principe que la loi proclame, on ne saurait admettre qu'un simple arrêté de maire puisse supprimer ce droit-là.

Que si le costume est, par lui-même, délictueux, s'il offense la pudeur ou contient un outrage à des citoyens, le maire, en sa qualité d'officier de police judiciaire, pourra constater le délit, dont la poursuite appartiendra à d'autres, et il aura verbalisé, non en vertu de quelque arrêté pris par lui, mais par application de la loi générale.

Son devoir d'assurer la liberté de circulation et l'ordre sur la voie publique ne lui donne le droit d'interdire le port de vêtements d'une nature particulière qu'autant qu'il a reçu ce droit d'une disposition formelle de la loi; il en est ainsi, notamment, pour le port des vêtements sacerdotaux qu'il faut se garder de confondre avec le costume ecclésiastique, autrement dire, des cérémonies religieuses sur la voie publique dans les villes où il y a des temples destinés à différents cultes:

Deux arrêts rendus récemment par le Conseil d'État font très clairement comprendre quels sont les pouvoirs de l'autorité municipale.

Le maire de Lille avait, par un arrêté, interdit le transport du viatique à domicile par un prêtre revêtu d'habits sacerdotaux et précédé d'un porteur de lanterne agitant une sonnette; un prêtre d'une des paroisses, l'abbé Liénard, s'étant pourvu contre cet arrêté qu'il soutenait entaché d'abus, le Conseil d'État a rendu l'arrêt suivant :

Vu l'article 1er de la convention du 25 messidor an IX, les articles 7, 8 et 45 de la loi du 18 germinal an X :

Considérant que l'art. 45 de la loi du 18 germinal an X interdit les cérémonies religieuses hors les édifices consacrés au culte catholique dans les villes où il y a des temples destinés à différents cultes.

Considérant que la ville de Lille se trouve dans les conditions prévues par ledit article; qu'il suit de là que l'abbé Liénard n'est pas fondé à soutenir qu'il y a abus dans l'arrêté par lequel le maire de Lille a, par application de l'article 45 susvisé, interdit toute manifestation du culte catholique sur la voie publique à l'occasion de l'administration des secours religieux aux malades [1].

[1] Conseil d'Etat, 13 août 1895. D. 97. 3. 10.

Mais, le même jour, le Conseil d'État, saisi d'un recours contre un arrêté du maire de Roubaix prononçant la même interdiction dans les mêmes circonstances, et la motivant sur ce que le transport du viatique pouvait effrayer les habitants, rendait la décision suivante :

Considérant que, dans son arrêté du 2 mars 1895, le maire de Roubaix s'est fondé pour interdire le transport du viatique dans les conditions déterminées audit arrêté, sur ce que cette manifestation « a pour grave inconvénient d'effrayer les habitants qui se rendent compte de l'importance de la mortalité par cette cérémonie religieuse extérieure » ; — Considérant que ce motif est étranger à l'application de l'art. 45 de la loi du 18 germinal an X; qu'il suit de là que le maire de Roubaix, en prenant l'arrêté attaqué, a usé de ses pouvoirs dans un but autre que celui que le législateur a eu en vue : — Art. 1er. Il y a abus dans l'arrêté du maire de Roubaix [1].

De cette dernière décision, il résulte :

D'une part, que les interdictions, pour certains citoyens, d'user librement de la voie publique, ne rentrent pas dans les pouvoirs souverains des maires; outre que leurs arrêtés peuvent, en vertu de l'art. 92 de la loi municipale du 5 avril 1884, être annulés par le préfet, ils tombent, de plus, sous le contrôle du Conseil d'État qui peut les déclarer entachés d'abus.

Ajoutons qu'ils tombent aussi sous le contrôle de l'autorité judiciaire. La Cour de cassation a jugé par des arrêts trop nombreux pour qu'on songe à les reproduire : que les règlements de police ne sont obligatoires qu'autant qu'ils ont été rendus dans les limites du pouvoir confié à l'autorité dont ils émanent, et que les tribunaux appelés à les sanctionner par l'application d'une peine ont essentiellement le droit d'examiner si ces règlements ne dépassent pas le droit de cette autorité.

D'autre part, il en résulte encore que les interdictions concernant la voie publique ne peuvent être prononcées que par application d'un texte de loi formel et précis.

En matière de costume, non seulement ce texte n'existe pas, mais c'est un texte contraire qui proclame l'entière liberté des citoyens; donc, en cette matière, les pouvoirs des autorités municipales sont nuls.

S'ils sont nuls quand il s'agit de costumes appartenant à tout le monde, pouvant être portés par tout le monde, à plus forte raison le sont-ils quand il s'agit de costumes reconnus et décrétés par la loi, de ceux qu'elle protège par l'application de dispositions pénales à ceux qui les ont usurpés.

[1] *Ibid.*

II

Existe-t-il un costume ecclésiastique légal et, s'il existe, quel est-il?

S'il existe, il est bien manifeste qu'il est en dehors et au-dessus de toutes les atteintes pouvant résulter d'interdictions administratives; sinon, il rentre, tout au moins, dans la catégorie de ceux dont le port est libre, appartient à tout le monde, ne peut être interdit, parce que chacun se couvre du vêtement à sa convenance.

Pour répondre à la question de savoir s'il existe un costume ecclésiastique légal, c'est aux articles organiques qu'il faut se reporter.

Devant cette désignation d'*Articles organiques*, certains voudraient peut-être en contester préjudiciellement la légalité, rentrer dans la vieille querelle, soutenir qu'en dehors du Concordat lui-même, c'est-à-dire de la loi consentie et acceptée par les deux parties contractantes, il n'y a plus qu'abus de pouvoir dans des dispositions réglementant ce qui ne pouvait l'être que par l'accord des deux puissances, et partant que des dispositions nulles. J'estime, pour ma part, qu'il convient, ici, de laisser ces discussions de côté et que, pour raisonner utilement, il faut raisonner comme si les articles organiques étaient le régulier et légitime complément du Concordat.

L'article 43 de ces articles, autrement dire de la loi du 18 germinal an X, est ainsi conçu :

« Tous les ecclésiastiques seront habillés à la française, et en noir. Les évêques pourront joindre à ce costume la croix pastorale et les bas violets. »

Puisque, c'est la loi qui détermine le costume que devront porter les ecclésiastiques, prêtres et évêques, c'est donc qu'il y a un costume ecclésiastique légal.

Sans doute, mais ce costume, c'est le vêtement noir à la francaise, c'est-à-dire, la proscription de la soutane, du vêtement que, de nos jours, les prêtres ont adopté et qu'ils portent sans droit, l'usage ne pouvant, par lui seul, modifier, abolir la loi.

Si nous devions nous en tenir au texte des articles organiques, ce serait un point singulièrement discutable que celui de savoir si un *règlement* contenant des dispositions comme celles inscrites dans la loi du 18 germinal an X, c'est-à-dire, ayant un caractère essentiellement transitoire, modifiable, ne peut pas voir, par l'effet du temps et de l'usage, certaines de ses prescriptions abandonnées pour être remplacées par un état de choses nouveau, non quant au principe, mais quant au mode d'exécution. Il serait déraisonnable de soutenir qu'on doit rigoureusement appliquer à des prescriptions de cette nature la règle d'après laquelle une loi ne peut être abrogée que par une autre loi venant soit l'abolir explicitement, soit en rendre implicitement l'application impossible!

La loi de l'an X défend aux curés d'entrer en fonctions sans avoir prêté entre les mains du préfet le serment prescrit par la convention passée entre le gouvernement et le Saint-Siège, prestation de serment dont il aura été dressé procès-verbal par le secrétaire général de la préfecture et dont copie collationnée aura été délivrée.

Elle veut encore que ceux qui seront choisis pour l'enseignement dans les séminaires souscrivent la déclaration faite par le clergé de France en 1682; qu'ils se soumettent à y enseigner la doctrine qui y est contenue et que les évêques adressent une expédition en forme de cette soumission au conseiller d'Etat chargé de toutes les affaires concernant les cultes.

Qui oserait prétendre que ces dispositions ne sont pas tombées en désuétude, et qu'aujourd'hui encore, dès lors qu'elles n'ont pas été abrogées par un texte formel, on en pourrait poursuivre l'application?

De même, en ce qui concerne le costume ecclésiastique, ne serait-il pas simplement raisonnable de dire que la loi de germinal a posé, dans son article 43, le principe d'un costume ecclésiastique, mais que, pour ce qui est du costume lui-même, le temps et l'usage l'ont fait différent de celui que mentionnent les articles organiques?

Il ne faut point insister sur un pareil raisonnement, si sérieux qu'il soit, par le motif qu'on n'en est pas réduit à invoquer l'usage et l'action du temps, que la loi elle-même a parlé et modifié le texte primitivement adopté.

L'homme qui, malgré les violentes protestations de son entourage, venait de rétablir le culte en France, avait vite compris que, pour le faire utilement, il fallait rattacher franchement le présent et l'avenir au passé, laisser au clergé ses traditions, ses coutumes, son aspect extérieur, si l'on voulait retrouver son dévouement à ses devoirs sacerdotaux et son action salutaire. Qu'était-ce que cet évêque, que ce prêtre habillé à la française? Les populations des villes comme celles des campagnes ne le reconnaîtraient plus; ce n'était pas là leur prêtre d'autrefois, le bon, le vrai, et c'est le prêtre d'autrefois qu'il fallait d'autant mieux leur rendre, que les temps traversés mettaient plus en défiance. Cet habit à la française sentait les mauvais jours, le prêtre assermenté, l'homme de la Constitution civile, celui dont on ne voulait pas.

Aussi, dès le 17 nivôse an XII (8 janvier 1804), c'est-à-dire moins de deux années après la promulgation du Concordat, voit-on apparaître le décret suivant, relatif au costume ecclésiastique :

« ARTICLE PREMIER. — Tous les ecclésiastiques employés dans la nouvelle organisation, savoir les évêques dans leurs diocèses, les vicaires généraux et chanoines dans la ville épiscopale et autres lieux où ils pourront être en cours de visite, les curés, desservants et autres ecclésiastiques, dans le territoire assigné à leurs fonctions, continueront à porter les habits convenables à leur état, suivant les canons, règlements et usages de l'Eglise. »

Et comme un pouvoir n'aime jamais à se déjuger complètement, surtout à court délai et quand il est dans des mains comme celles qui le détenaient alors, un article deuxième ajoutait :

« Hors les cas déterminés dans l'article précédent, ils seront habillés à la française et en noir, conformément à l'article 43 de la loi du 18 germinal an X. »

Ils continueront à porter les habits convenables à leur état, suivant les canons, règlements et usages de l'Eglise. Qu'était-ce que ces habits? Chacun aurait pu répondre : « Ces habits-là étaient connus en France depuis des siècles; on les avait vus partout où il y avait des âmes à évangéliser, des pauvres à secourir, du dévouement à dépenser. Mais ce n'est pas la réponse de tout le monde qu'il faut recueillir, c'est celle des juristes, des hommes qui ont spécialement reçu pour mission d'interpréter la loi. Voici ce qu'ils ont répondu :

Une décision de l'archeveque de Bordeaux avait interdit le port du costume ecclésiastique à un sieur Lacan, prêtre du diocèse d'Agen, qui avait transporté sa résidence à Bordeaux. Le sieur Lacan, ayant continué à se vêtir de la soutane, fut traduit devant le tribunal correctionnel et condamné par application de l'article 259 du Code pénal.

Sur appel intervint un arrêt confirmatif de la Cour de Bordeaux, dans lequel on lit les considérants suivants :

Attendu que, malgré l'ordonnance de l'archevêque de Bordeaux, le sieur Lacan continue à porter publiquement le costume qui lui est interdit; — Attendu que les lois qui reconnaissent la juridiction de l'autorité ecclésiastique des évêques n'auraient rien édicté d'utile, si elles n'assuraient pas l'exécution de leurs décisions disciplinaires dans leurs effets civils, lorsque le droit ordinaire peut être appliqué; — Attendu que le costume actuel des ecclésiastiques est reconnu par la loi; — Que les pouvoirs épiscopaux ayant pu légalement interdire à un prêtre qui s'en est rendu indigne le port de l'habit ecclésiastique; il était dans les attributions des lois civiles d'assurer, s'il était nécessaire, l'exécution de cette interdiction [1]...

[1] Cour de Bordeaux, 27 fév. 1852. D. 1852. 1. 170.

Pourvoi en cassation contre cet arrêt. Il est à peine besoin de dire que, devant la Cour suprême, la question du costume ecclésiastique, de ce qu'il devait être pour être légal et justifier l'application de l'article 259 du Code pénal, a été examinée sous tous ses aspects, et, comme l'on dit au palais, discutée à fond. On en peut juger par cet extrait des observations présentées au nom et dans l'intérêt du prêtre Lacan :

A l'égard du costume religieux, il faut trois choses pour constituer l'usurpation : 1° Que le culte ou l'Ordre soit autorisé en France; 2° que l'individu ne soit pas ordonné prêtre; 3° qu'il ait porté les ornements qui, aux termes de la loi organique, sont le costume du culte dans l'exercice de ses fonctions, c'est-à-dire l'ornement sacerdotal. Ainsi, costume et fonctions sont inséparables; celle-ci est la cause; celui-là est l'effet. Il n'y a pas de costume là où il n'y a pas de fonction dont il soit la représentation. En prenant le costume de la fonction, l'on commet un outrage à l'autorité publique; la loi le réprime, et si l'on prend un costume qui n'exprime aucune fonction, mais seulement un caractère inhérent à sa personne, il n'y a pas, dans ce fait, l'intention coupable nécessaire pour constituer le délit.

Maintenant, la soutane est-elle un costume dans le sens légal du mot? Il y a deux costumes, l'un qui exprime la prêtrise, l'autre qui exprime la fonction. Cette distinction, nous ne l'inventons pas; nous la puisons dans les interprètes du droit canonique lui-même. Voici comment s'exprime Durand de Maillanne : « Il faut distinguer deux sortes d'habits ecclésiastiques : les uns qui servent aux clercs dans la vie civile, et les autres destinés au ministère des autels. » La loi civile est d'accord; elle distingue l'habit sacerdotal, dépendant de la fonction, et l'habit ecclésiastique qui en est indépendant (art. 42 et 43 de la loi du 18 germinal an X; Décret du 9 avril 1809, art. 5; Ordonnance du 16 juin 1828).

Ainsi donc, il y a l'habit du prêtre, attribut du membre de l'Eglise, et le costume du prêtre, attribut de la fonction. Le premier n'a pas de caractère légal; le second en a un, puisqu'il est consacré par l'article 42 de la loi organique. — M. Lacan n'est point prévenu d'avoir porté les ornements sacerdotaux, mais simplement la soutane; or, la soutane n'est qu'un habit civil du prêtre, et un habit ne peut être arbitrairement qualifié costume. Il faut que ce caractère lui soit imprimé par la loi, et qu'elle en fasse le signe exclusif de certains citoyens ou d'un corps. La Cour de cassation a proclamé ce principe, car elle a dû, pour attribuer aux ornementaux sacerdotaux la qualité de costume dans le sens de l'article 259 du Code pénal, s'appuyer d'abord sur ce fait que celui qui les avait usurpés n'était pas ordonné prêtre, et ensuite sur l'article 42 de la loi organique. La loi ne reconnaît donc, à proprement parler, qu'un costume, celui de la fonction.

Il est nécessaire de reproduire, dans les termes mêmes où elle a été formulée, la réponse qu'a faite la Chambre criminelle de la Cour de cassation à cette argumentation du pourvoi; elle a dit :

Attendu, en fait, que, par ordonnance en date du 14 février 1851, l'archevêque de Bordeaux a interdit, pour inconduite, à Lacan, prêtre du diocèse d'Agen, à qui son évêque avait retiré ses pouvoirs, et qui s'était réfugié depuis deux ans dans la ville de Bordeaux, de porter le costume ecclésiastique dans son diocèse;

Attendu, en droit, que la juridiction disciplinaire des évêques sur les ecclésiastiques a été consacrée par la loi organique du 18 germinal an X; — Qu'en cas d'abus, l'article 6 de la même loi n'ouvre de recours à la partie lésée que devant le Conseil d'Etat; qu'ainsi les décisions prises en cette matière ne peuvent être discutées devant les tribunaux, et qu'elles conservent force et effet tant qu'elles n'ont pas été réformées par l'autorité compétente;

Attendu que l'article 259 du Code pénal est général, qu'il protège tous les ordres de citoyens qui exercent un ministère reconnu par la loi et dont le costume est réglé et approuvé par elle; — Qu'il s'applique spécialement au port illégal du costume ecclésiastique et qu'il s'étend non seulement aux habits sacerdotaux que le prêtre porte à l'autel ou dans les autres fonctions de son ministère, mais encore à l'habit de ville *composé de la soutane, de la ceinture et du rabat, qui est bien le véritable costume antique et traditionnel du clergé français, reconnu par l'article premier de l'arrêté des Consuls du 17 nivôse an XII;* — Que le port de cet habit par celui auquel il n'appartient pas ou qui a perdu le droit de s'en vêtir, constitue le délit prévu par ledit article 259; — D'où il suit que Lacan, en continuant de porter dans le diocèse de Bordeaux l'habit de ville ecclésiastique dont il avait été complètement dépouillé, a encouru la peine édictée par cet article qui lui a été justement appliqué [1].

Mêmes décisions dans les arrêts des Cours de Paris, du 3 décembre 1836 [2]; de Toulouse, du 21 février 1839 [3]; de Montpellier, du 12 février 1851 [4]; de Bordeaux, du 6 avril 1870 [5]; de la Cour de cassation, du 22 juillet 1837 [6] et 10 mars 1873 [7].

De son côté, le Conseil d'Etat tient le même langage que la Cour de cassation; on lit dans un arrêt du 17 août 1882, rendu sur le recours de l'adjoint faisant les fonctions de maire dans la commune de la Flotte (île de Ré), lequel recours tendait à faire déclarer l'abus résultant de la violation, par le desservant de cette commune, des dispositions de l'article 43 de la loi du 18 germinal an X :

Considérant, au surplus, que si l'article 43 de la loi du 18 germinal an X prescrit à tous les ecclésiastiques de s'habiller à la française et en noir, l'arrêté des Consuls du 17 nivôse an XII leur permet de continuer à porter, dans le territoire assigné à leurs fonctions, les habits convenables à leur état, suivant les canons, règlements et usages de l'Eglise; — le

[1] Cass., 24 juin 1852, Ch. crim. MM. Laplagne-Darris, présid.; Legagneur, rapp.; Plougoulm, av. gén. (concl. conf.); Paignon, av. D. 1852. I. 171.
[2] S. 37, 2, 139. — P. 37, 1, 634.
[3] P. 46, 2, 85.
[4] S. 51, 2, 113. — P. 51, 1, 422. — D. 51, 2, 35.
[5] S. 71, 2, 159. — P. 71, 536. — D. 71, 2, 196.
[6] S. 37, 1, 561. — P. Chr.
[7] S. 73, 1, 230. — P. 73, 544.

Conseil d'Etat entendu, décrète : Article premier : Le recours formé par M. Camille Magné, adjoint, faisant les fonctions de maire de la commune de la Flotte (île de Ré) est rejeté [1].

Le recours faisait consister la prétendue violation de l'article 43 dans le port de vêtements ecclésiastiques autres que l'habit noir à la française; la décision du Conseil d'Etat est donc bien en complète conformité avec les arrêts de la Cour suprême.

La doctrine est conforme à la jurisprudence. MM. Chauveau et Faustin Hélie (*Théorie du Code pénal*, t. IV, p. 258) se bornent à constater, comme si cette jurisprudence ne pouvait être contredite, l'application faite par la Cour de cassation de l'article 259 (C. pén.) au port du costume ecclésiastique par un prêtre auquel il avait été interdit et ils reproduisent textuellement l'arrêt, plus haut cité, du 24 juin 1852 déclarant que l'article 259 s'étend, non seulement aux habits sacerdotaux que le prêtre porte à l'autel ou dans les autres fonctions de son ministère, mais encore à l'habit de ville composé de la soutane, de la ceinture et du rabat, qui est le véritable costume du clergé français.

« Pour que le délit prévu et puni par l'article 259 existe, disent MM. Blanche et Dutruc (*Etudes sur le Code pénal*, t. IV, p. 318), il faut que le port ait été public et que le costume ou l'uniforme soit le signe extérieur d'un ministère reconnu par la loi et ait été réglé ou approuvé par elle.

« La jurisprudence a reconnu que cette disposition est applicable aux costumes ecclésiastiques, aux habits sacerdotaux que le prêtre porte à l'autel et dans les autres fonctions de son ministère et à l'habit de ville, *composé de la soutane, de la ceinture et du rabat.* »

MM. Blanche et Dutruc, pour établir cette jurisprudence, reproduisent, comme MM. Chauveau et Hélie, l'arrêt du 24 juin 1852 et citent, en outre, l'arrêt de cassation du 10 mai 1873 (S. 73. 1. 230), déclarant l'article 259 justement appliqué à l'abbé Junqua, lequel, malgré l'ordonnance de l'archevêque de Bordeaux lui enjoignant de quitter l'habit ecclésiastique, c'est-à-dire la soutane, avait persisté à le porter publiquement Cet arrêt avait été précédé d'un rapport de M. le conseiller Barbier qui, rappelant la décision rendue par la Chambre criminelle le 24 juin 1852, estimait que, dans des circonstances identiques, cette décision, à laquelle il donnait, d'ailleurs, une pleine approbation, répondait suffisamment au moyen invoqué par le pourvoi et qui consistait, comme en 1852,

[1] Cons. d'Etat, 17 août 1882, S. 1884, 3, 56.

à établir une distinction entre les habits sacerdotaux et l'habit de prêtre ou la soutane.

M. Garraud (*Traité du droit pénal français*, t. IV, n° 58), examinant les conditions nécessaires pour qu'existe le délit prévu par l'article 259 du Code pénal, s'exprime ainsi : « 1° Il faut, pour constituer le délit, le port d'un *véritable* costume ou uniforme. En d'autres termes, le droit commun ne protège pas l'*insigne* qui n'est pas, en même temps, un costume. Ainsi le fait de porter une écharpe de maire, un brassard de garde-champêtre ou forestier, ne tombe pas sous l'application de l'article 259. 2° Il faut ensuite que le costume ou l'uniforme dont le port est incriminé ait un caractère *officiel*. Mais, sur ce point, la loi doit être interprétée dans un sens très large. Le caractère officiel n'appartient pas seulement aux uniformes et costumes des fonctionnaires civils et militaires, mais aux uniformes et costumes de tous citoyens qui exercent un ministère admis par la loi et dont les uniformes et costumes sont reconnus par elle. C'est ainsi que l'article 259 protège le costume ecclésiastique, qui se compose, soit des ornements et habits en usage dans les cérémonies religieuses, *soit du costume de ville, c'est-à-dire de la soutane et du rabat.* »

Aucune note divergente dans ce concert; tous les commentateurs parlent le même langage et interprètent la loi de la même façon.

En résumé, qu'on se place au point de vue législatif, jurisprudentiel, doctrinal, on trouve toujours une situation admirablement nette qui se formule ainsi :

Il existe un costume ecclésiastique légal; ce costume est composé de la soutane, de la ceinture et du rabat, qui forment le costume antique et traditionnel du clergé français; il lui appartient dans le sens de l'article 259 du Code pénal, de telle sorte que lui seul a le droit de le porter, que ce droit est sauvegardé par des pénalités appliquées à ceux qui l'ont indûment revêtu.

Que peuvent bien faire les actes administratifs, municipaux, contre un état de choses ainsi déterminé émanant d'une source qui domine tout le monde, tous les pouvoirs, de la loi? Aussi, à moins qu'on ne la change ou qu'on ne la piétine, on pourra bien prendre arrêté sur arrêté, délibération sur délibération, la soutane du prêtre n'en continuera pas moins de courir la ville et les chemins.

Peut-être, dans les dispositions d'esprit que l'on aperçoit, et les haines soulevées permettant de tout prévoir, essaierait-on de tirer argument de l'article 2 du décret des Consuls du 17 nivôse an XII :

« Hors des cas déterminés dans l'article précédent, ils seront habillés à la française et en noir, conformément à l'article 43 de la loi du 18 germinal an X » ; et voudrait-on soutenir qu'en tous cas, le droit au port du costume ecclésiastique, conforme « aux canons, règlements et usages de l'Église. », est limité rigoureusement aux lieux, aux circonscriptions dans lesquelles le prêtre exerce sa fonction, qu'en dehors de ces limites, non seulement le droit à la soutane, ceinture et rabat n'existe plus, mais c'est un autre costume que la loi impose et qui, partant, devient obligatoire.

J'ai dit qu'on *essayerait peut-être* de mettre en avant, de jeter dans le débat, sous une forme ou sous une autre, une pareille prétention; le doute que j'émets n'est, après tout, qu'un hommage rendu au bon sens et à la bonne foi d'hommes qu'on voudrait pouvoir traiter en adversaires avec lesquels on peut discuter, non en ennemis réfractaires à toute raison et disposés à triompher par tous moyens. L'absurde lui-même a ses limites et vraiment, ici, on les aperçoit dépassées, quand on dégage les conséquences pratiques de la distinction qu'il y aurait à faire, quant au costume, entre le prêtre se trouvant dans le lieu ou en dehors du lieu à lui assigné pour l'exercice de ses fonctions.

Voyez-vous un brave curé de campagne, qui a déjà de la peine à payer sa soutane, obligé d'avoir double garde-robe et ne pouvant sortir de sa paroisse, fût-ce pour aller confesser un mourant, visiter un voisin, sans se dévêtir, accrocher sa robe de prêtre à je ne sais quel clou et endosser l'habit à la française?

Et, dans les villes à plusieurs paroisses, là où un côté de la rue appartient à celle-ci et l'autre côté à celle-là, le curé de Saint-Jean sera-t-il en contravention, exposé aux procès-verbaux et aux poursuites de quelque bicêtré, s'il a eu l'audace de traverser la chaussée et de transporter sa soutane dans la paroisse de Saint-François qui n'est pas la sienne?

Interdit le costume ecclésiastique *traditionnel*, interdite la soutane sur tous chemins de fer et modes de transport ayant nécessairement pour effet de conduire le prêtre en des lieux qui ne lui ont pas été particulièrement assignés pour l'exercice de ses fonctions!

S'il veut être en pleine sécurité, il faudra qu'il ait ses poches toujours garnies de papiers en règle, justifiant de sa situation et de son droit; il y aura le passeport de la soutane qu'il faudra pouvoir présenter à toute réquisition.

Mais laissons ces niaiseries et répondons d'un seul mot à ceux qu'elles n'inquiéteraient pas et qui en accepteraient volontiers la responsabilité si leurs haines devaient en retirer profit.

Le prêtre, comme le médecin, est partout dans l'exercice de ses fonctions, parce que, de même qu'il peut y avoir partout des ma lades à secourir, des plaies à panser, de même, il peut y avoir partout, pour le prêtre, des âmes à soutenir et à sauver, des meurtris à consoler par les suprêmes espérances, des mourants à bénir.

Le prêtre est partout dans l'exercice de ses fonctions, quand il prêche la parole de Dieu, l'enseignement de l'Eglise, c'est-à-dire quand il remplit ce qui est sa principale mission, son principal rôle. Comme ceux qui remplissent le plus utilement cette mission n'ont pas, à proprement parler, pour prendre le langage de l'an XII, de territoire qui leur soit assigné, faudra-t-il dire que le port de la soutane leur est interdit, qu'ils devront prêcher en habit à la française, ou que, si l'on daigne leur concéder la soutane en chaire, ils la devront quitter, aussitôt qu'ils en seront descendus et qu'ils auront quitté l'église? On le voit, on arrive, bon gré mal gré, au dérisoire, ce qui est, après tout, le critérium le plus sûr pour juger une façon de comprendre et interpréter la loi.

On n'en est pas d'ailleurs réduit à la juger ainsi; le commentaire de la loi sur le point spécial, en ce moment examiné, se trouve, en effet, là où l'on est le plus autorisé à l'aller chercher. C'est deux années seulement après la promulgation de la loi de germinal an X qu'était rendu le décret du 17 nivôse an XII, autorisant les évêques, dans leurs diocèses, les vicaires généraux et chanoines, dans la ville épiscopale et autres lieux où ils pourront être en cours de visites, les curés, desservants et autres ecclésiastiques, *dans le territoire assigné à leurs fonctions*, à porter ces habits convenables à leur état suivant les canons, règlements et usages de l'Eglise, tout en maintenant l'habit à la française, hors des cas précédemment mentionnés. C'est deux années encore plus tard, que le gouvernement, qui n'était plus celui des Consuls, mais bien le gouvernement de l'Empereur, expliquait comment devait être compris et appliqué le décret de l'an XII.

Une décision ministérielle du 14 novembre 1806 porte : « L'art. 43 de la loi du 18 germinal an X, en fixant le costume que les ecclésiastiques doivent porter hors des lieux où ils sont en fonctions, c'est-à-dire, hors des lieux où ils exercent leur ministère, n'a point abrogé le costume que les canons leur recommandent de porter dans le territoire et dans les lieux où ils exercent des fonctions qui sont de tous les jours et de tous les instants. » Ce qui veut dire, comme cela a été compris par tout le monde (voy. Dalloz, *Répert.* v° *Culte*, n° 137), que les termes de la décision ministérielle s'appliquent même aux ecclésiastiques se trouvant passagèrement dans des lieux autres que ceux où ils exercent plus particulièrement leurs fonctions, en d'autres termes, que le costume traditionnel, le costume des canons, règlements et usages de l'Eglise, la soutane avec ceinture et rabat, est celui que tout ecclésiastique peut porter.

Le voilà bien, le véritable commentaire de la loi, lui donnant son sens raisonnable, parce qu'il est en conformité avec les traditions et les mœurs, faisant faire à la loi œuvre d'apaisement et de concorde, tandis que certains voudraient lui faire faire œuvre de division et de haine.

Les actes du gouvernement impérial étaient d'ailleurs en conformité avec les paroles. Par le décret du 9 avril 1809, art. 5, le costume ecclésiastique, soutane, ceinture et rabat, était accordé aux élèves des séminaires. Quelles fonctions exerçaient-ils donc? Où était le territoire assigné à leur ministère? C'est bien ici que l'habit à la française eût semblé à sa place, et cependant, il avait suffi qu'ils aspirassent à la prêtrise, pour que, par avance, le vrai costume du prêtre leur fût attribué.

C'était le seul qu'on vît par toute la France, dès le lendemain du Concordat, parce que c'était le seul qu'elle eût connu et qu'elle voulût reconnaître; nulle trace d'habit à la française qui eût provoqué les suspicions ou les rires des populations reprenant avec joie le chemin du presbytère et de l'Eglise, et nulle tentative pour l'imposer. L'eût-on voulu d'ailleurs, qu'on en eût été empêché, non seulement par le courant d'idées et les manifestations religieuses qu'avaient amenées le rétablissement du culte, mais encore par l'œuvre législative même qu'on avait édictée. Où donc était la sanction destinée à assurer le port de l'habit à la française hors du territoire où le prêtre exerçait ses fonctions? Nulle part, et, dès lors, comment l'imposer? Et comment comprendre que cette sanction eût été négligée par un gouvernement ayant à sa tête l'homme du Concordat, s'il avait vraiment voulu substituer, dans une grande partie de la vie du prêtre, à la vieille et traditionnelle soutane, un vêtement nouveau qui lui eût donné l'apparence d'une sorte de fonctionnaire civil?

Comment comprendre encore qu'une loi qui, sur le point déterminé qu'elle réglemente, ne s'est pas donné elle-même de sanction, puisse en recevoir une d'un simple arrêté municipal? Une sanction pénale! Nous sommes bien en dehors de tous les principes et de toutes les règles.

Remarquons, d'ailleurs, que les arrêts de la Cour de cassation ne portent aucune trace d'une distinction à faire, pour la nature du costume ecclésiastique, entre le territoire assigné aux fonctions du prêtre, qui comporterait seul la soutane, et les lieux situés hors de ce territoire, où le prêtre ne pourrait revêtir que l'habit à la française; ses déclarations ont un caractère général, absolu; la soutane, la ceinture et le rabat, c'est là l'antique, le traditionnel, le véritable costume du clergé français, celui que la loi doit protéger toujours et partout, qui est, en même temps, sous la garde de l'autorité ecclésiastique et de l'autorité judiciaire. C'est bien là, en effet, le résumé de toute la législation consulaire et impériale; on fausserait étrangement son esprit si on voulait lui donner un autre sens, la mettre au service de passions qu'elle avait précisément pour but d'apaiser et d'éteindre.

III

Quelle est, au point de vue légal, relativement au port du costume, la situation des ordres religieux?

Jurisprudence et doctrine s'accordent sur ce point : qu'il faut distinguer entre les congrégations autorisées et reconnues en France, et les congrégations qui n'ont pas ce caractère. Pour les premières, par le fait même de l'autorisation, le costume de l'ordre est considéré comme lui appartenant, ne pouvant être porté que par ses membres, et comme devant être protégé par l'application de l'article 259, Code pénal, à ceux ou celles qui l'auraient publiquement revêtu, bien que ne faisant pas ou ne faisant plus partie de la congrégation.

C'est ce qu'ont décidé, notamment, deux arrêts de la Chambre criminelle des 9 décembre 1876[1] et 3 août 1877[2]. Le premier de ces arrêts est ainsi conçu :

Attendu qu'il est constaté par le jugement dont l'arrêt attaqué s'est approprié les motifs que la demanderesse, bien qu'ayant cessé de faire partie de l'ordre des Dames Augustines auquel elle appartenait, a continué de porter le costume de cet ordre; — Attendu que cette constatation de fait est souveraine et échappe au contrôle de la Cour de cassation; — Attendu qu'il résulte, en outre, de la décision attaquée que, d'après les renseignements versés au procès, la congrégation des Dames Augustines est un ordre religieux reconnu en France; — Attendu que par un décret du 30 novembre 1858, la communauté des Dames Augustines et du Saint-Cœur de Marie, à Paris, a été, en effet, régulièrement autorisée et que, ni en première instance, ni devant les juges d'appel, il n'a été allégué par la demanderesse que le costume qu'elle portait n'était pas celui des Dames Augustines auxquelles s'applique le décret précité; — Attendu, dès lors, que la décision attaquée relève à la charge de la demanderesse tous les éléments du délit réprimé par l'article 259 du Code pénal, dont les prévisions s'étendent au port illicite de tout costume appartenant à une communauté religieuse légalement établie en France; que, conséquemment, cette décision, loin de violer ledit article, n'en a fait qu'une saine application.

[1] S. 1877, 1, 140. — P. 1877, 314. — D. 1877, 1, 463.
[2] S. 78, 1, 240. — P. 78, 577. — D. 78, 5, 173.

La doctrine de cet arrêt est purement et simplement adoptée par M. Garraud (*Traité du droit pénal français*, t. IV, p. 58).

Pour les ordres religieux non reconnus par la loi, dont, par suite, le costume n'est pas légal et ne saurait prétendre à la protection de l'article 259, on doit se poser une autre question : ce costume n'est-il pas *illégal*, prohibé, et son port ne peut-il pas tomber sous le coup de dispositions pénales?

L'article 9 de la loi du 18 août 1792, qui a prononcé la suppression des congrégations séculières et des confréries porte : « Les costumes ecclésiastiques et des congrégations séculières sont abolis et prohibés pour l'un et l'autre sexe; cependant, les ministres de tous les cultes pourront conserver le leur pendant l'exercice de leurs fonctions, dans l'arrondissement où ils les exercent. » On a vu que, relativement aux ministres du culte, l'article 43 de la loi organique du 18 germinal an X, ainsi que l'arrêté des Consuls du 17 nivôse an XII, avaient modifié les conditions faites aux prêtres par la loi de 1792; aucune modification n'a été apportée, par des dispositions postérieures, pour ce qui concerne les congrégations, d'où l'on entend soutenir que, bien qu'inappliquée, cette loi subsiste, et en conclure qu'est illégal et défendu le port du costume d'une congrégation non reconnue par la loi.

Si l'on veut que cette loi de 1792, née entre le 10 août et les massacres de Septembre, soit encore en vigueur, il faut la prendre telle qu'elle est, en son entier, non la déchiqueter en l'on ne sait quels lambeaux dont on prend les uns pour écarter les autres. — Elle n'a pas été abolie, en ce qui concerne les congrégations, donc, le costume des congrégations est prohibé. — Fort bien; mais alors, comment se fait-il qu'il y ait des congrégations dont le costume est si peu prohibé, que la loi le protège à ce point de punir d'emprisonnement ceux qui le portent indûment? La loi de 1792 est absolue; elle s'applique à toutes les congrégations, sans en excepter aucune; par conséquent, c'est contre toutes qu'a été prononcée l'abolition du costume; et si, cependant, ce costume, on l'admet pour quelques-unes, c'est que l'on considère la loi comme caduque, qu'elle doit disparaître dès l'instant où, en principe et en fait, l'existence de congrégations qu'on avait voulu totalement supprimer a été de nouveau admise.

Cette loi doit d'autant mieux être considérée comme caduque, que la disposition qui suit celle relative à l'abolition du costume et qui fait corps avec elle au point de n'en pouvoir être séparée, est manifestement inapplicable.

Art. 10. « Les contraventions à cette disposition seront punies par voie de police correctionnelle, la première fois, de l'amende;

en cas de récidive, comme délits contre la sûreté générale. »

La première fois, de l'amende; laquelle? Où est son chiffre? C'est un principe qui ne se discute plus que, dans notre législation pénale, toute peine doit être rigoureusement précisée; si c'est une peine d'emprisonnement, dans sa durée; si c'est une peine pécuniaire, dans sa quotité; toute disposition qui ne satisfait pas à cette exigence doit être tenue pour non avenue. L'article 10 de la loi de 1792 se borne à édicter l'amende, sans en indiquer le taux, donc, lettre morte.

En cas de récidive, comme délits contre la sûreté générale; à cette partie de l'article, il suffit d'opposer, comme l'a très bien dit M. Garraud (t. IV, p. 55 et s.) l'article 484 du Code pénal : « Dans toutes les matières qui n'ont pas été réglées par le présent Code et qui sont régies par des lois et règlements particuliers, les cours et les tribunaux continueront de les observer. » La matière de la sûreté générale a été réglée par le Code pénal au chapitre premier de son premier titre, il n'y a donc pas lieu d'observer les lois et les règlements particuliers. Des articles 75 à 108, quel est celui qui pourrait bien être appliqué au port d'un costume de congrégations? On trouve là toute l'échelle des peines, jusqu'à la peine de mort; c'est cette dernière peine qu'en 1792 on appliquait de préférence; peut-être, aujourd'hui, n'irait-on pas jusque-là.

La loi du 18 septembre 1792, déjà entamée et contredite par l'existence et le régime des congrégations autorisées, se trouve encore, relativement aux autres, pour ce qui concerne les dispositions comme celles défendant d'en porter le costume, n'avoir plus de sanction. C'est manifestement une loi dont il n'y a plus à tenir compte, inexistante, non seulement à cause des temps dans lesquels elle a été promulguée, mais encore, mais surtout, parce qu'elle est en contradiction avec les faits sociaux, les événements politiques, les actes législatifs, gouvernementaux, judiciaires qui sont postérieurement intervenus.

La conséquence qu'il en faut tirer, c'est que, si le costume des congrégations non autorisées n'est pas protégé par la loi pénale, le port en est, du moins, libre, en vertu du principe que chacun se vêtit comme bon lui semble.

Peut-être remaçonnera-t-on un régime législatif nouveau, fait des haines sauvages de 1792, de l'absolutisme de 1802 et toujours promulgué sous le couvert de la liberté, de l'égalité et de la fraternité; en attendant, usons des droits que nous donne le régime actuel et sachons les revendiquer.

Résumons :

Chacun est libre, non seulement d'après un principe de droit naturel, mais d'après la loi elle-même, de prendre et porter publiquement tel vêtement ou ajustement que bon lui semble.

Cette liberté s'applique à tous costumes, quels qu'ils soient, sous la seule exception de ceux reconnus et décrétés par la loi, parce que ceux-ci sont représentatifs d'une fonction publique ou donnent à ceux qui le portent un caractère particulier.

Le port de ces derniers costumes est protégé par la loi pénale.

Ainsi en est-il du costume ecclésiastique.

Ce costume se compose de la soutane, de la ceinture et du rabat, qui ont toujours été les vêtements conformes aux canons, règlements et usages de l'Eglise en France.

La soutane, la ceinture et le rabat peuvent être portés partout, non seulement dans les lieux plus spécialement assignés au prêtre pour l'exercice de ses fonctions, mais dans tous autres.

La protection accordée par l'article 259 du Code pénal au port du costume ecclésiastique s'étend au port du costume des congrégations autorisées.

Quant aux autres congrégations, le port public de leurs costumes est libre, en vertu de la règle que chacun est libre de porter tel vêtement et ajustement que bon lui semble.

La prohibition écrite dans l'article 9 de la loi du 18 août 1792 est de nul effet, d'abord, parce que la loi de 1792, spécialement en ce qui concerne le costume des congrégations religieuses, doit être considérée comme abrogée par des actes législatifs et gouvernementaux postérieurs ; ensuite, parce que cette loi est dépourvue de sanction.

Telle est la loi et tel est le droit. Seront-ils respectés? Peut-être.

La loi et le droit appliqués depuis un siècle, c'est-à-dire la liberté laissée à chacun de témoigner, par sa vie extérieure, de ses croyances et de sa foi. Pour voir cette liberté méconnue, il faut remonter aux plus sombres jours de notre histoire. Est-ce à ces jours-là qu'on voudrait nous ramener? Qui sait?

LE

CORRESPONDANT

RELIGION — PHILOSOPHIE — POLITIQUE

HISTOIRE — SCIENCES — ÉCONOMIE SOCIALE

BEAUX-ARTS — LITTÉRATURE — VOYAGES

SOIXANTE-DOUZIÈME ANNÉE

PARAIT LE 10 ET LE 25 DE CHAQUE MOIS

PARIS, DEPARTEMENTS & ETRANGER :

UN AN : 35 FR. — SIX MOIS : 18 FR. — UN NUMÉRO : 2 FR. 50

ADMINISTRATION ET REDACTION

PARIS. — 31, RUE SAINT-GUILLAUME

www.ingramcontent.com/pod-product-compliance
Ingram Content Group UK Ltd.
Pitfield, Milton Keynes, MK11 3LW, UK
UKHW021037200726
13857UKWH00005B/1764

9 782012 872158